VEDICA

PAR M. V. HENRY

3ᵉ SÉRIE

(Extrait des Mémoires de la Société de linguistique de Paris, tome X)

PARIS

IMPRIMERIE NATIONALE

ÉMILE BOUILLON, ÉDITEUR, RUE RICHELIEU, 67

M DCCC XCVIII

VEDICA

PAR M. V. HENRY

3ᵉ SÉRIE

(Extrait des Mémoires de la Société de Linguistique de Paris, tome X)

PARIS

IMPRIMERIE NATIONALE

ÉMILE BOUILLON, ÉDITEUR, RUE RICHELIEU, 67

M DCCC XCVIII

VEDICA.

(3ᵉ sᴇ́ʀɪᴇ.)

N. B. — La traduction des hymnes à Agni des maṇḍalas I-V par
M. H. Oldenberg (*Sacred Books of the East*, vol. XLVI) a paru durant
l'impression de cette série. Pour éviter d'interrompre l'exposition, on
relèvera les divergences importantes dans un *Addenda* final.

10. Une survivance indo-européenne : **dhvar-*.

R. V. III. 6. 10 c, on lit la comparaison *adhvaréva*, qui donne
un vers faux (une syllabe de trop, placée, qui plus est, de façon à
fausser la césure, licence tout à fait inadmissible) et, à quelque
point de vue qu'on l'envisage, ne fournit qu'un pur non-sens : « [le
ciel et la terre] se tiennent debout en face d'[Agni] ... comme
les deux sacrifices. » Qu'il fût question du double sacrifice céleste et terrestre, cela serait, à la rigueur, possible; mais en quoi
le ciel et la terre ressemblent-ils respectivement aux sacrifices
qui s'y célèbrent? et quelle nécessité y avait-il de commettre
un vers faux pour exprimer cette pensée amphigourique?

Remarquons que la scansion *prắcy adhvaréva*, qui sauverait la
situation, difficilement admissible en tout état de cause, est ici
absolument impossible puisque *prắcī* est sûrement au duel (pada
prắcī íti).

Sur ce passage comme sur bien d'autres, on se perd à chercher
la véritable pensée de M. Ludwig[1] : il traduit « beim Opfer »,
comme si le texte portait *adhvaré* sans *iva*, et au commentaire il
explique que Sāyaṇa doit être dans le vrai en glosant *adhvarā* par
adhvarau; or Sāyaṇa glose en effet *adhvaréva | adhvarāv iva |
yajñāv iva*, qui ne peut absolument signifier autre chose que
« comme les deux sacrifices ».

Grassmann, plus logique, propose une correction au texte :
il lit *adhvaré va* « comme au sacrifice », son expédient habituel
lorsqu'un *iva* le gêne[2]. Mais, sans vouloir ici le discuter au fond,

---

[1] *R. V.*, I, p. 334, et IV, p. 298.
[2] Cf. *Vedica*, n° 3 = *Mém. Soc. Ling.*, IX, p. 106.

on doit faire observer qu'il n'aboutit qu'à un sens bien pâle, et qu'au surplus le vers reste irrémédiablement faussé.

Je le rétablis en supprimant une syllabe. La lecture *dhvăreva* « comme deux battants de porte » se laisse aisément justifier.

1° Linguistiquement : on sait que la forme *dhvărā (gr. ϑύρα, lat. *forēs*, got. *daúr*) est la seule légitime, et qu'on ne s'explique point sans un faux-fuyant, d'ailleurs fort ingénieux, la chute de l'aspiration dans *dvărā* (refait sur *durbhyām*).

2° Au point de vue de la critique verbale : si une tradition accidentelle avait conservé dans ce passage la forme régulière *dhvărā, il était naturel qu'à un moment donné, cette forme n'étant plus comprise, un rédacteur s'avisât de changer *dhvăreva en *adhvaréva*, qui du moins avait l'air de faire un sens et cadrait avec le mysticisme confus que les exégètes tendaient à insinuer sous la phraséologie naturaliste du Véda.

3° Au point de vue du sens : rien non plus n'est plus naturel que de comparer le couple Ciel-et-Terre, généralement féminin et dans ce vers même, à deux battants de porte (sk. *dvăr* fm.) appliqués l'un contre l'autre; et l'opportunité de la comparaison apparaît d'autant mieux qu'il s'agit ici du rôle liturgique de ce couple divin, qui appelle presque irrésistiblement l'idée des « deux portes du sacrifice[1] », couramment invoquées en nombre d'endroits et figurant toujours dans les āpriyas.

4° Au point de vue de la liaison des idées : le mot *suméke* signifierait (P. W. et p. w.) « bien établis, solidement fondés », et, si nous n'avons pour garant de ce sens qu'une étymologie douteuse[2], encore est-il que la conjecture *dhvăreva = dvăreva* peut y trouver un appui et la confirmer à son tour.

Je traduirai donc : « Comme deux vantaux inébranlables, [le Ciel et la Terre] saints et véridiques se tiennent debout en face d'[Agni] le fils de la sainteté. »

5° Je rappelle en terminant que notre confrère, M. E. W. Fay[3], a tenté d'expliquer le mot *adhvará* par un composé possessif qui signifierait « sans porte » : nous posséderions donc déjà un type védique du mot qui aurait conservé intacte l'aspirée initiale; mais il n'en est que plus intéressant de la retrouver, et, si je ne me trompe, avec une quasi-certitude, dans le mot simple lui-même.

---

[1] Il se pourrait fort bien que ce fût là aussi la transition inconsciente par laquelle on eût passé de *dhvăreva* à *adhvaréva*.

[2] Voir l'article suivant.

[3] *Proceed. Am. Philol. Assoc.*, XXV, p. IX, n. 2.

11. *suméka.*

Bergaigne s'est toujours refusé à traduire ce mot, et peut-être n'avait-il point tort, tant qu'on n'en apportait aucun autre éclaircissement que la dérivation hypothétique de la racine *mi*. A l'appui du sens « bien fondé », je crois pouvoir alléguer, outre la stance qu'on vient de lire, un argument tiré de mon principe général d'interprétation par l'« antithèse védique », à laquelle je me propose de consacrer quelque jour une étude systématique, mais que je crois pouvoir dès à présent utiliser pour l'exégèse de détail, puisque, après tout, cet artifice de style est plus ou moins reconnu par tous les interprètes, y compris même ceux qui pourraient me reprocher d'en exagérer l'importance[1].

R. V. III. 15. 5, la stance est inintelligible, faute d'un nombre suffisant de verbes : Sāyaṇa, à peu près suivi par Grassmann, ne s'en tire qu'en supposant deux fois l'ellipse assez invraisemblable de *kuru*, et M. Geldner[2] n'en traduit que le quart, encore est-ce en forçant le sens de *ácha*. En fait, le commencement et la fin de la phrase doivent s'entendre comme formant opposition ou corrélation d'idées : ce ne sont point du tout des invocations, mais de simples constatations antithétiques, entre lesquelles se place, comme entre parenthèses, une invocation à Agni. Pour comprendre ainsi, il n'est pas même nécessaire de corriger *jaritaḥ* en *jaritúḥ*, ni davantage de supposer l'ellipse facile de l'enclitique *te* bien suffisamment suggéré par *tvám* (en *d*) et par le mouvement de la pensée; soit donc : « Ô chantre [Agni], tu as maints refuges inexpugnables, ... et à nous le ciel et la terre sont [deux demeures] solidement fondées. » Dans l'intervalle marqué par les points s'insère une prière d'un type bien connu : « En brillant, ô Agni, amène[-nous] les dieux, comme un char conquérant [amène] le butin. »

Dès lors, le parallélisme constaté entre *áchidrā* et *suméke* permet, ce semble, conjointement avec l'étymologie probable, d'arrêter définitivement le sens de ce dernier mot.

12. *mahiṣá* et *máhiṣī.*

I. Dans ma traduction de l'Atharva-Véda (XIII. 2. 32, et cf. 33 et 42), j'ai admis pour *mahiṣáḥ suparṇáḥ* le sens métaphorique « le buffle aux ailes puissantes » ou « le buffle qui est un aigle »,

---

[1] Cf. *Vedica,* n° 4 = *Mém. Soc. Ling.,* IX, p. 108.
[2] Pischel et Geldner, *Ved. Stud.,* I, p. 160.

et j'en trouve une première confirmation dans la métaphore identique qui se lit R. V. v. 47. 3 *a*, sans possibilité d'équivoquer sur les termes. Je persiste donc, malgré l'autorité du P. W., à penser que c'est là le seul sens qui se justifie pleinement : l'image s'applique sans difficulté au soleil, si souvent dénommé soit aigle soit taureau ; le mot *mahiṣá* ne signifie autre chose que « buffle » dans la langue classique, il n'y a aucune raison de lui assigner en védique une valeur différente, et je ne perdrai point cette nouvelle occasion de critiquer la déplorable tendance exégétique qui diluerait dans un fade verbiage toute la richesse et la variété d'images de la vieille poésie. Pourquoi, sur la foi des commentateurs, traduire çà et là *mahiṣá* par « grand » ? Que tel en soit le sens étymologique et, si l'on veut, préhistorique, je ne le conteste pas, ni que le buffle ait été ainsi surnommé parce qu'il était « la grosse bête » ; mais tout indique que, dès l'époque des Védas, l'épithète ancienne était devenue un nom générique parfaitement spécialisé. S'aviserait-on, en traduisant un poète français, d'interpréter parfois le mot « sanglier » par l'adjectif « singulier », sous prétexte qu'en étymologie tous les deux ne font qu'un ?

L'idée que j'exprime est bien aussi, au fond, celle de Grassmann : presque partout il traduit *mahiṣá* par « buffle » ; il ne se fait pas scrupule d'admettre qu'un dieu puisse être dénommé « buffle » au même titre que « taureau » ou « lion », ou que l'épouse favorite du roi soit désignée par le sobriquet honorifique de « femelle du buffle » (*máhiṣī*). Bref, il proscrit à bon droit le sens vague de « gross, gewaltig », et ne le maintient que dans quatre passages, infime minorité. Cette dernière circonstance est de nature à le rendre suspect, même là ; et, somme toute, on se convaincra sans peine qu'il n'y avait aucun motif pressant de le sauver pour si peu de chose, qu'il y a même avantage à s'en passer partout.

Quand le pluriel *mahiṣás* désigne les dieux, et plus particulièrement certaines classes de dieux qui ont avec le taureau céleste une incontestable affinité (les *marudādayas*, Sāy. sous R. V. x. 45. 3), c'est alors surtout, semble-t-il, que le sens de « buffle » s'impose ; et aussi Grassmann le juge-t-il le plus plausible, sauf dans deux passages où le mot apparaît au singulier, mais où l'hésitation n'est pas davantage permise.

1° R. V. III. 46. 2 : *mahā́n asi mahiṣa vŕ̥ṣṇiebhir* (Gr., fausse référence, 380. 2, corrigée à la ligne suivante). Pourquoi préférer ici le sens de « grand » ? A cause du voisinage de *mahā́n* « grand » ? Mais, au contraire, c'est une raison de plus de le proscrire : le poète a joué sur les mots, il n'a pu prendre plaisir à rabâcher. Disons donc avec lui : « Tu es grand, ô buffle [Indra], par tes mâles exploits. »

2° R. V. IX. 97. 41 : *mahát tát sómo mahiṣáç cakāra*.....
Même observation : non pas « voici ce qu'a fait de grand le grand
Sôma », mais « voici le grand exploit du buffle Sôma », avec rap-
prochement intentionnel des deux mots qui font allitération.

Restent deux autres passages où *mahiṣá* est également au singulier et où je me rencontre à peu près avec M. Ludwig[1].

3° R. V. IX. 82. 3 : *parjányaḥ pitā mahiṣásya parṇíno*.....
Sans difficulté : « Parjanya est le père du buffle ailé », qui, ici
comme au passage précédent, est Sôma, non le Soleil ; le con-
texte et le classement de l'hymne en font foi. Il est clair que,
dans la poétique védique, chaque dieu à tour de rôle peut devenir
le buffle qui vole.

4° R. V. X. 66. 10 : *vātāparjanyā máhiṣásya tanyatóḥ*.....
Il n'est pas moins clair que cette qualification ne saurait convenir à aucun plus qu'au dieu mugissant par excellence. Tradui-
sons donc sans hésiter, avec ellipse de *dhartārā* qui figure au
pâda précédent : « Vâta et Parjanya qui soutiennent (qui créent)
le buffle tonitruant » (« le buffle-tonnerre », dirait V. Hugo).

En résumé, le sens « grand » doit être biffé, et, comme le classique n'en présente pas d'autre que celui de « buffle », aucun
doute ne peut subsister sur la traduction des vers où se lit le mot
mahiṣá.

II. Mais il n'en va pas de même de *máhiṣī*. Le classique re-
connaît à ce mot deux sens distincts : « femelle du buffle » et « première épouse du roi, reine, princesse ». Il est infiniment probable
que le second procède du premier et que par conséquent tous
deux sont également védiques ; seulement, le hasard a voulu que
les trois emplois du mot au R. V. laissassent la question quelque
peu indécise. Un seul indice tendrait à faire penser dès l'abord
que *máhiṣī* n'est pas rigoureusement le féminin logique de *mahiṣá*
« buffle » : il ne porte pas le même accent. Il est vrai qu'on remarque un changement analogue dans d'autres féminins en ī,
soit *taviṣá táviṣī*, *aruṣá áruṣī* (Whitney) ; mais, précisément aussi,
áruṣī n'est presque jamais employé que comme substantif, nom
propre même, désignant l'Aurore, et *táviṣī* est encore bien
moins le féminin logique de *taviṣá*, puisqu'il signifie « vigueur »
et non « vigoureuse ». Une déviation, une nuance d'acception est
donc possible entre *mahiṣá* et *máhiṣī*[2]. Vérifions sur les textes cette
induction encore bien précaire.

---

[1] Sans toutefois saisir l'opportunité de faire de Taṇyatu un nom propre ni
surtout de donner des feuilles au lieu d'ailes à Sôma : une fois dans la cuve, il
n'est plus une plante.

[2] La règle Pā. IV. 1. 63 sur les noms de femelles d'animaux (cf. B. Liebich,
Pāṇini, p. 103) est sans application ici, puisque le msc. est oxyton et le fm.
proparoxyton, à l'inverse de ce qu'on attendrait.

1.° R. V. v. 37. 3 : *vadhŭr iyám pátim ichántī eti yá īm váhāte máhiṣīm iṣirām.* C'est la clarté même, grâce aux mots *vadhŭ* et *páti*, qui ne laissent pas prise au doute : il s'agit bien d'une femme. Moyennant une ellipse qui rentre dans les cas les plus communs du style védique, nous comprenons : «La fille nubile que voici va cherchant un époux qui l'emmène [et fasse d'elle] une puissante (féconde) épouse royale».

2.° R. V. v. 2. 2 : *kám etáṃ tuáṃ yuvate kumārám péṣī bibharṣi máhiṣī jajāna.* Nous sommes en pleines ténèbres; car il s'agit d'un mythe, et, pour autant que nous y sachions comprendre, le petit enfant pourrait aussi bien être né de la «femelle du buffle» que de la «princesse»; toutefois la seconde alternative est la plus séduisante. Ce qui nous départagera, c'est le sens de *péṣī*, qui s'opppose manifestement à *máhiṣī*, mais lui-même est un ἅπαξ; Sāyaṇa ne sait qu'en dire; les sens «nourrice» (Grassmann, P. W.) et «lange» (p. w.) sont des divinations; aucune autre lumière que l'étymologie. M. Ludwig[1], qui au surplus, dans la traduction, s'est laissé égarer par la prétendue nécessité de découvrir, sous ces deux expressions, une métaphore désignant les deux araṇis, a du moins très bien vu que *péṣī* est un terme technique appliqué à la femme esclave, en tant qu'une de ses besognes essentielles consiste à piler (*piṣ*) le grain dans le mortier pour en faire de la farine. Cela posé, recourons à notre criterium de l'antithèse : la «broyeuse» et la «femelle du buffle» ne font pas contraste, ni non plus «l'esclave» et la «femelle du buffle», ni même absolument «la broyeuse» et «la princesse», mais d'une manière générale «l'esclave» et «la princesse». C'est donc la quatrième alternative qui s'impose, et en même temps le sens s'éclaire : quelque origine qu'il faille attribuer au mythe en lui-même, qui présentement n'est pas en question, on n'aura point de peine à y reconnaître le thème courant de l'enfant royal qui n'est pas le fils de ceux qui passent pour ses parents; son père putatif n'est que son père nourricier; il est né d'une princesse et se croit l'enfant de la servante qui l'a élevé. La seule circonstance qui demeure obscure, c'est la raison qui a déterminé le poète à employer ici le mot rare *péṣī*, au lieu de *dāsī* qui se présentait naturellement à sa pensée; mais *dāsī*, dans le Véda, signifie essentiellement «femelle démoniaque», c'était une équivoque et même une inconvenance dans la glorification de la naissance de l'enfant divin, et de plus *péṣī* avait l'avantage de fournir une riche assonance avec *máhiṣī*. Ces considérations me paraissent, sinon décisives, au moins de très grand poids en faveur de l'interprétation que je résume en ces termes : «Quel est-il

---

[1] *R. V.*, IV, p. 325, et cf. I, p. 367.

donc, ô jeune femme, ce petit enfant que tu portes [en tes bras],
toi [qui n'es qu'une] esclave? C'est la princesse qui l'a enfanté».

3° R. V. V. 25. 7 : *máhiṣīva tuád rayís tuád vájā úd īrate.* Ici
le commentaire glose par *mahatī*, épithète de *rayís*, ce qui soulève
mainte objection : à supposer que le sens «grand» ne fût point
écarté par la discussion qui a porté sur *mahiṣá*, il resterait encore
qu'on serait obligé de supposer *rayí* féminin, alors qu'il est
presque toujours masculin, et surtout de ne voir dans *iva* qu'une
inepte cheville; or la construction de cette stance et de la suivante indique nettement, dans la pensée du poète, l'intention
d'obtenir un effet par une accumulation de comparaisons, *gráveva,
tanyatúr yathā.* Force est donc bien d'entendre que «du sein d'Agni
la richesse et les butins s'élèvent comme une *máhiṣī*; — non pas
«eine milchkuh» (Gr.), car on ne nous informe nulle part que
la femelle du buffle soit douée de propriétés particulièrement
laitières; — ni même «eine starke kuh» (Ldw.), car la comparaison aurait toujours ceci d'insolite qu'elle se ferait sur un mot
qui n'apparaît nulle part avec le sens de «vache», tandis qu'il
eût été aisé d'écrire *dhenúr iva*, etc.; — mais tout simplement
«comme une princesse opulente et splendide». Que l'on suive dès
lors le mouvement lyrique des stances 7-8 : «..... Brille d'un
vaste éclat[1], ô resplendissant : comme une reine, s'élève de ton
sein la richesse acquise ou conquise; tes éclairs célestes parlent
à voix haute[2] comme la pierre du pressoir, et, comme le tonnerre,
ton bruit descend du ciel.» Tout au plus, si l'on s'étonnait de
voir «une reine sortir d'Agni», en serait-on quitte pour observer
que la comparaison ne porte que sur les substantifs, non sur le
verbe qui en dépend; et, cette réserve faite, on ne trouvera rien
de forcé, rien que d'aisé et de cohérent dans les détails de ce
petit tableau.

Ainsi les mots *mahiṣá* et *máhiṣī* ne signifient jamais «grand,
grande», mais l'un partout «buffle», et l'autre partout «princesse,
reine, épouse royale».

13. *máhiṣvantam.*

De ces deux mots à l'énigmatique ἅπαξ *máhiṣvantam* de R. V.
VII. 68. 5, la transition est tout indiquée, et l'on ne s'étonnera
pas de me voir soumettre à une nouvelle analyse ce problème

---

[1] Ou «chante ton chant sublime».

[2] En suppléant *ucyante*, le sing. *ucyate* étant amené par les exigences du
vers et grammaticalement justifié par l'attraction du voisinage de *grávā.* Cf. R.
V. I. 92. 5, et V. Henry, *Revue critique,* XXXIV (1892), p. 427. Mais, si l'on
préfère la traduction par le sens passif (Ldw.), notre argumentation d'ensemble
n'en est pas atteinte.

irritant. Le sens de « grand » étant désormais écarté par les considérations ci-dessus et abandonné par la majorité des interprètes,
il s'agit de confronter tout ce que la tradition, la critique verbale et l'étymologie préhistorique nous peuvent apprendre de cet
inconnu.

La tradition est muette, ou autant vaut. La glose de Sāy. *ma-
hiṣvantam ṛbīsam* n'est qu'un expédient absolument désespéré, et
le sāyaniste le plus déterminé reculera, je pense, devant la cascade de contresens où il la fait figurer : le verbe *ní yu* pris pour
nír yu, le datif *átraye* au sens d'ablatif; rien n'y manque, c'est un
des modèles les plus parfaits de l'arbitraire et de l'incompréhen-
sion sāyaniques. Si l'interprétation est de tous points inadmissible, au moins n'est-il pas malaisé de découvrir le chemin de
traverse qui y a conduit l'exégète : dans les quatre autres passages
où figurait l'aventure d'Atri et des Açvins, il était question d'un
ṛbīsa, « fente, crevasse, fosse » (cf, Gr., s. v.); ici, ce terme con-
sacré manquait à la narration; il n'en fallait pas davantage pour
que le *máhiṣvanta* en devînt le synonyme.

La critique verbale paraît avoir dit son dernier mot avec Bergaigne[1] : considérant, — d'une part, que le mot ne se rencontre
point ailleurs; — de l'autre, qu'il est grammaticalement impossible de le faire dépendre, soit du masc. *omānam* dont l'isole en-
tièrement la construction de la stance, soit de *bhójanam* qui est
neutre, — il propose la substitution d'un adjectif neutre *máhiṣvad*. L'« aliment » offert à Atri par les Açvins aurait été « accom-
pagné d'une épouse ». La conjecture est ingénieuse; mais, Bergaigne
a été le premier à le constater, on ne nous conte nulle part
que les Açvins aient procuré une épouse à Atri. On est obligé de
se rejeter sur l'argument qu'ayant marié tels autres de leurs
protégés, ils ont bien pu occasionnellement marier aussi celui-là :
thème légendaire possible, évidemment, mais enfin, pour nous,
imaginaire. Ajoutons que l'altération du texte serait très forte et
tout à fait inexplicable : si jamais on y eût lu *máhiṣvad*, on ne
voit pas comment s'y serait substitué d'abord *máhiṣvantam*, puis
l'inintelligible *máhiṣvantam*[2].

Bref, il n'y a pas de correction possible : il faut que *máhiṣvantam* demeure; pour cela, il faut qu'il soit une forme neutre; et,

---

[1] Bergaigne-Henry, *Man. Véd.*, p. 82, et *Quarante Hymnes*, p. 42 = *Mém.
Soc. Ling.*, VIII, p. 42.

[2] En vain essayerait-on de sauver la lecture proposée en comprenant, comme
dans le passage précédent, que le don « brillant » des Açvins est *comparé* à une
« princesse », soit *máhiṣīvat = máhiṣīm iva* (cf. *supra*, nᵒ 12, II, 3°); car, d'abord,
cette dernière objection subsisterait toujours; et, littérairement, la tournure
aurait un aspect forcé et insolite qui la ferait condamner sans hésitation de
quiconque aurait la moindre habitude du style védique.

pour qu'il soit du neutre, enfin, il faut de nécessité qu'il se rattache, non à un adjectif *máhis-vant-*, — qui ne peut signifier
rien du tout, puisqu'il n'y a pas de mot *mahis-*, — mais à un tétra-
syllabe *mahi-ṣvanta-*, composé qui, de par la structure et l'accentuation, se placerait sur la même ligne que *máhi-kṣatra-*, *máhi-
mati-*, et autres.

La difficulté sans doute n'est que déplacée, en ce sens que
c'est alors la fin du mot qui devient obscure : *máhi-* existe, mais
non pas *svanta-*[1]. Toutefois la substitution graphique du ṣ au ç
est attestée dans le Véda par plusieurs exemples; à plus forte
raison se conçoit-elle dans un mot qu'on avait cessé de comprendre; et, en présence de l'éranien *spenta-* « saint », lit. *szventa-s*,
sl. *svętŭ*, il n'y a rien d'excessif à postuler un sk. *çvanta-*, ou
peut-être fm. *çvantā*, qui aurait signifié quelque chose comme
« gloire, béatitude, prospérité, sainteté ». C'est cette survivance,
partout ailleurs effacée, que je crois retrouver ici, peut-être à la
faveur de la manie archaïsante du poète, ou parce qu'une version
de l'histoire d'Atri lui avait fourni, comme épithète à *bhójanam*,
cet adjectif traditionnel *máhiçvantam*, que lui-même il ne com-
prenait plus guère, mais qu'il a superstitieusement reproduit.

On n'objectera point le caractère isolé du mot restitué, car
tous les composés par *máhi-* initial sont d'une extrême rareté; il
en est quatre ou cinq qui ne se rencontrent chacun qu'une fois
dans tout le R. V. : il n'y avait vraiment pas de raison pour que
máhiçvanta fût mieux partagé.

Plus grave serait l'objection tirée de l'absence du simple *çvanta*.
Mais, faute d'apparaître dans les textes sanscrits, au moins ne
manque-t-il pas de répondants ailleurs, et en sanscrit même :
M. Fick[2] y rattache *çvāntá* et *çvātrá*, quel que soit d'ailleurs le
sens assez flottant de ces épithètes, rares elles aussi; le nom
commun *çuná-m* « prospérité, bénédiction », avec le degré réduit
de la racine comme dans got. *hun-sl* « sacrifice », est d'emploi
assez courant pour compenser l'absence de son congénère et en
rendre probable l'existence aux premiers temps védiques. Le miracle, à vrai dire, ne serait pas qu'on retrouvât en sanscrit l'indo-
européen *kwen-to-*, mais, bien au contraire, qu'un mot qui
devait être appelé en avestique à une si haute fortune eût disparu de la langue des Védas sans y laisser la moindre trace de
son passage.

Je ne me crois donc pas téméraire en traduisant : « La nourriture brillante qui vous appartient, ô Açvins, [l'aliment] de haute

---

[1] Le classique *sv-anta-* est naturellement hors de cause.
[2] *Vgl. Wbuch d. Idg. Spr*[4], I, p. 49.

sainteté », ou « de grande prospérité », ou « de large bénédiction [1],
vous le donnez à Atri... »

L'interprétation est d'autant moins suspecte que, s'il faut en
croire le savant article cité en note, ce ne serait pas la seule
survivance indo-éranienne que renfermerait cette stance visiblement compilée de matériaux très anciens.

14. R. V. III. 7.

Cet hymne, à coup sûr, n'est point commode et ressemble fort
au défi d'un Lycophron à un Saumaise; mais l'interprétation,
pourtant, n'en paraît pas à beaucoup près aussi ardue, ni surtout
le texte aussi fautif que le suppose Grassmann (I, p. 525). C'est
à peine s'il y faut faire une correction, et les idées, pourvu qu'on
se mette au point de vue exact, rentrent dans les thèmes védiques
les plus ordinaires.

Le rituel assigne l'hymne à Agni. A cela point d'objection, à
condition toutefois qu'on entende par là l'Agni céleste, incarna-
tion aussi légitime que toute autre et ici spécialement visée. Que
le poète ait cru devoir entourer la glorification du soleil levant
de tous les raffinements de langue et de toutes les obscurités de
style que lui fournissait la phraséologie védique; que, plus tard,
les ritualistes aient introduit dans sa pensée initiale mille raffinements nouveaux sur l'Agni terrestre, sur Sôma, etc., qui peut-
être même y préexistaient à titre de vagues allusions : ce sont
des considérations secondaires que nous devons reléguer à l'ar-
rière-plan. Le point essentiel qu'il nous est interdit de perdre de
vue, c'est qu'on nous décrit UN LEVER DE SOLEIL. Si la mignonne
devinette que j'ai relevée en 2 d n'en paraissait pas au lecteur
une preuve tout à fait convaincante, je le renverrais avec confiance
à la stance 10 qui clôt le morceau et le glose pour ainsi dire
tout entier.

Une fois admise cette idée fondamentale, il devient relative-
ment aisé de fixer le sens de quelques mots importants et, en
premier lieu, de *dhāsí* (1 et 3) pour lequel on a le choix entre
« demeure » et « nourriture »; car l'explication de Sāy. *dhāser dhā-
rayitur* n'est qu'un aveu déguisé d'impuissance. Grassmann et
M. Ludwig, qui songent au sôma et au lait, choisissent « nourriture »; mais le P. W. ne se prononce pas : essayons « demeure »,
nous verrons bien.

Vient ensuite *atasá* (3), nécessairement adjectif puisqu'il est
épithète de *dhāsí*. Le sens « buisson » ou « vent » se trouvant exclu

---

[1] « Votre pain bénit » enfin, pour traduire d'une liturgie dans une autre; et,
sur la fin de la stance, cf. *loc. cit.*, et Neisser in *Bzzbg. Btr.*, XVII, p. 244.

par là même, on songe naturellement à la signification primitive
et étymologique qui a abouti à celui-ci : racine *at* « aller, marcher,
courir », et Sāy. y a songé tout le premier. Eh bien donc, « la demeure voyageuse », voilà qui s'applique merveilleusement au
soleil.

Cette demeure peut être le soleil lui-même; mais il est évident que le soleil peut également être conçu comme maître de la
demeure et roi de l'astre qui le porte : c'est pourquoi nous voyons
les deux épithètes symétriques *çitipṛṣṭhá* et *nílapṛṣṭha*[1] appliquées
respectivement en 1 et en 3 à la demeure et au maître de la demeure. Quant à la valeur intime de ces deux adjectifs, on s'en
rendra compte sans peine, et sans recourir au double aspect de
lumière et de fumée qui caractérise l'Agni terrestre, si l'on veut
bien se souvenir de l'une des descriptions du soleil qui reviennent
le plus communément dans les Védas : le soleil a deux faces,
l'une blanche, l'autre noire[2], et chacune des deux est naturellement la face dorsale par rapport à l'autre; bien entendu, c'est le
soleil blanc qui fait le jour; mais, si l'on veut, c'est tout aussi
bien le soleil noir, en se retournant sens dessus dessous. Le
poète a joué de tous ces thèmes à la fois.

Ces préliminaires posés, passons à l'examen de détail.

1. — *a*) *dhāsér* ne saurait être ablatif puisqu'il a pour épithète
le génitif *çitipṛṣṭhásya*. A la grande rigueur, on pourrait imaginer
que le génitif en dépendît et qu'il fallût construire « le *dhāsí* du
çitipṛṣṭhá »; mais cette cascade de subordinations est à tout le
moins improbable, les deux cas identiques et contigus doivent
s'accorder ensemble. Il s'ensuit que *dhāsér* ne peut pas être le
complément du verbe *ārúḥ*. — *b*) En tant que génitif, il ne paraît
pas non plus dépendre du substantif *vániḥ* fm., avec lequel, en
dépit de la traduction de Grassmann et de l'apologie sommaire
de M. Ludwig[3], il est impossible de faire accorder *yé* msc. Il ne
demeure donc que la ressource de suppléer en *a* un mot facile à
sous-entendre, de préférence *raçmáyas* « rênes lumineuses,
rayons », qui au surplus se trouve exprimé un peu plus loin
en 7 *b*, et de considérer *vániḥ* comme accusatif construit parallèlement à *mātárā*, tout comme le sont sans aucun doute possible
deván et *ródasī* en 9 *d*. Ce sont les rayons du soleil levant qui pénètrent tout à la fois « les deux parents » (le ciel et la terre) et
« les sept tons musicaux », en tant qu'ils rendent tout ensemble

---

[1] La différence d'accentuation est fort surprenante, mais ne saurait en aucune
façon recéler une différence de sens. La règle Pā. VI. 2. 138, prévoit explicitement le cas.

[2] Cf. R. V. X. 37. 3 *c d*, et les références sous A. V. X. 8. 7 et 32, dans
V. Henry, *A. V.*, X-XII, p. 27 et suiv. et 75 et suiv.

[3] Référence générale : 308 = *R. V.*, I, p. 334, et IV, p. 298.

aux mondes la clarté et la voix ou, plus particulièrement, font éclater avec le jour les hymnes des prêtres célestes et terrestres[1]. — *c d*) Rien que de simple : le jour naissant éveille le ciel et la terre, dont la double et féconde activité débute par la liturgie du sacrifice; car il n'est pas un instant douteux que *prá yaj* ne signifie « sacrifier », et non pas simplement « procurer »[2]. L'expression « sacrifier la longue vie », qui a un pendant fort intéressant dans le même morceau en 10 *d*, doit s'entendre comme beaucoup d'autres où un intransitif a pour complément un accusatif : *vṛṣṭím pavasva* « clarifie-toi la pluie » signifie : « en te clarifiant verse [sur nous] la pluie »; et de même *dīrghám áyuḥ prayákṣe* « pour offrir le saint sacrifice dont la conséquence est la longévité [du sacrifiant] ».

2. — *a b*) *diváksasas* est plutôt, d'après les indications du sens général, nominatif pluriel (Gr.) que génitif singulier (Ldw.); mais cela n'importe point au fond. Le soleil, d'une part, trait les vaches célestes qui donnent le lait de la lumière; d'autre part, en tant que dieu, il peut être censé les monter, elles sont donc ses cavales; et alors, en tant qu'il est lui-même un étalon, elles deviennent ses femelles. Le poète joue sur cette triple idée : cf. *infra* 9 *a b*. — *c d*) Changement brusque de tour : on vient de parler du mâle (Soleil); à présent on l'interpelle. L'idée aussi change, le thème est évidemment emprunté à une énigme de folklore primitif : le Soleil a bien des femelles, soit les nuées qui l'accompagnent, ou, mieux ici, toutes les aurores passées et futures; mais, tandis qu'il repose au fond de sa cachette nocturne, il n'y a qu'une seule de toutes ces vaches (l'Aurore actuelle), qui en pénètre le mystère, l'entoure de ses soins, marche à sa rencontre et lui fraye la route. Le double accusatif se justifie grammaticalement de cette façon : *tvā* dépend de *pári*, et *vartaním* de *carati*.

3. — *a b*) Le sens est le même que plus haut, 2 *a b*. — *c*) Pour régir le génitif *dhāsés* et supporter l'épithète *nīlapṛṣṭho*, il faut reprendre le nominatif *pátis* qui est exprimé en *b*. Quant à la phraséologie du vers, voir le préambule général du présent article. — *d*) On n'obtient aucun sens avec *vasa nivāse* (Sāy. suivi par Gr.). Au contraire, en rattachant *avāsayat* à 1 *vas* ou plutôt encore à 2 *vas*, « il les a fait luire » ou « il les a revêtues », on rentre dans le courant ordinaire de la métaphore védique : le soleil colore de ses rayons ses femelles, les aurores ou les nuées qui l'entourent de leur gloire.

---

[1] L'idée est reprise et développée plus bas, dans la stance 7.
[2] Cf. Pischel, *Ved. Stud.*, I, p. 98 (sur la stance 10 du même hymne).

4. — *a b*) Les *vahátas* fm. «charrieuses» sont naturellement toujours ces mêmes femelles (cf. 2 et 3 *a b*), et il n'y a aucune raison d'y chercher des «rivières» (Sāy.) autrement que par un raffinement d'allégorie. Le patronymique *tvắṣṭrám* signifie sans difficulté «le fils de Tvaṣṭar», soit une nouvelle appellation peu commune de l'Agni ici visé, c'est-à-dire du Soleil; mais, à un moment donné, on a dû prendre cet accusatif pour un neutre dont il avait tout l'aspect extérieur, et en conséquence on l'a affublé de l'épithète insignifiante *máhi* substituée au très significatif duel *mahí*. La lecture *mahí*, seule correction que je propose dans toute l'étendue de ce texte mystérieux, est suggérée d'abord par la mention des *ródasī* en fin de stance, l'un et l'autre mot signifiant en définitive «le ciel et la terre»; puis, elle a le mérite de procurer un régime au verbe transitif *stabhūyámānam*, qui autrement aboutirait à un quasi non-sens[1]. On connaît de reste le rôle d'Agni ou du dieu solaire en tant que «l'étai» du ciel et de la terre[2]. — *d*) *ékām iva* «comme [un mâle pénètre dans] une femelle» (Sāy.), mais bien plutôt «il a pénétré à la fois ces deux femelles comme [si elles n'étaient à elles deux qu']une seule» : la conception vulgaire de l'accouplement se double d'un paradoxe, d'un mystère ou d'une sorte de miracle.

5. — La stance est facile et exprime une idée fort commune : les chantres seuls, qu'ils soient au surplus les célestes louangeurs ou les prêtres du sacrifice terrestre (cf. le préambule et *infra* 7), sont initiés à la nature intime du dieu solaire, savent ce qu'il convient de faire pour flatter ses goûts, le faire surgir à l'orient chaque matin, le rendre propice aux vœux des hommes.

6. — La même idée se poursuit : le verbe *anayanta* ne peut avoir pour sujet que «les chantres» mentionnés en 5; mais le développement devient quelque peu laborieux. — *a. b*) Ici, comme en beaucoup d'endroits où l'on lit *mahás*[3], il faut sous-

---

[1] On objectera que ce verbe est passif et signifie «étayé, immobile». Sans doute il pourrait avoir ce sens; mais on conviendra que l'idée ne serait guère à sa place dans un tableau qui multiplie pour le héros les images de mouvement. R. V. VIII. 6. 16, je traduis : «celui qui cernait les eaux en les arrêtant (Vṛtra)», et R. V. X. 46. 6, je remarque qu'il manque une ou deux syllabes, en sorte que la restitution *tritá ápa* (= *apá*) *stabhūyán* semble bien permise dans un passage qui ne déroge point à l'obscurité caractéristique de toutes les stances où il est question de Trita. Au reste, si l'on se refuse à cette interprétation, on traduira le verbe comme passif et *máhi* comme adverbe (simple cheville), et le sens général n'en recevra aucune atteinte.

[2] Ce concept mythique a abouti à la divinisation même du Skambha (A. V. X. 7-8), pour laquelle je renvoie à ma traduction de l'A. V.

[3] Et comme dans ce morceau même, en 10 *d*, où le sens *mahé* = *divé* s'impose presque avec nécessité.

entendre *divás*, à ce point que les deux termes peuvent être considérés comme équivalents : le « bruit du ciel » est précisément le « cantique » (*çūṣá* en apposition à *ghóṣa*) que l'on entonne à la louange du Soleil. — *c d*) Nous entrons en pleine obscurité. Il suffit de jeter un coup d'œil sur l'inintelligible fatras de Sāyaṇa et sur les traductions jusqu'à présent publiées, pour se convaincre de la nécessité absolue d'essayer à ses risques et périls quelque voie nouvelle. Divisons les difficultés et procédons lentement du connu à l'inconnu. Voici les mots qui se comprennent à la lecture : « là où le taureau a grandi conformément à sa nature propre ». Le taureau qui grandit, on l'a vu, c'est le soleil qui se lève : il y aurait donc avantage à corriger *jaritúr* en *jaritā́*, soit donc « le taureau chanteur », et non « le taureau du chantre ». Sans doute, il se peut fort bien que le chantre considère le taureau comme sien, en tant que ses chants l'appellent, l'apprivoisent et l'amènent; mais on admettra avec moi que c'est là une idée probablement postérieure, artificiellement introduite par un changement facile au texte. Peu importe, au surplus, puisque nous sommes sûrs de l'identification du taureau. Si maintenant *áti vakṣ* signifie « grandir en dépassant », il va de soi que *pári vakṣ* doit vouloir dire « grandir en entourant ». Et, dès lors, que peut bien « entourer » le veau-soleil qui grandit selon sa loi, sinon la mamelle de la vache-nuit?

>   ... Car la nuit, c'est la vache noire
>   D'où sort le lait blanc du matin .....
>   L'homme à ses pis gonflés de sève
>   Chaque soir se pend et s'endort .....

a dit M. E. Blémont dans la pièce exquise où il a si heureusement associé dans une forme parfaite le mythe védique et la réflexion moderne. Or, tout justement, le sens de *aktór* n'est pas douteux, et le mot inconnu *dhắna* a autant de chances de procéder de la racine 2 *dhā* que de toute autre; car l'emploi d'un ἅπαξ signifiant « mamelle » n'a rien de surprenant[1] dans un morceau d'un style aussi visiblement contourné et bizarre; et, à tout prendre, qu'on le traduise par « mamelle » ou n'importe quoi, *dhắna* sera toujours un ἅπαξ : le plus sûr est donc de l'interpréter de la seule façon dont on obtienne un sens, soit isolé, soit cadrant avec l'ensemble. Le veau-soleil est le nourrisson de la vache-nuit : nul ne saurait trouver à redire à cette métaphore.

7. — Le texte ne présente aucune difficulté : il ne faut que le

---

[1] Ce n'est pas d'ailleurs le seul ἅπαξ que se soit permis le poète; mais le second est beaucoup plus anodin (cf. 10 *a*).

traduire littéralement. — *a*) Toute la question est de savoir s'il
ne s'agirait pas ici de douze prêtres célestes, exactement douze
dieux louangeurs, et sans doute même les douze Âdityas de la
tradition brâhmanique, répartis ici, suivant le rite terrestre, en
sept hôtars et cinq adhvaryus. C'est le plus probable, d'après *c d*
et notre commentaire sur 5-6. — *b*) Le « séjour caché de l'oiseau », on le sait, c'est, sur terre, la place d'Agni dans la védi,
et, au ciel, la cachette du soleil avant son lever[1]. — *c d*) Ces
taureaux, qui sont des dieux, et qui se tournent vers l'orient comme
font les prêtres au service divin, sont sûrement les mêmes per-
sonnages que les officiants nommés plus haut : le poète trans-
porte au ciel, non seulement le sacrifice, mais tous les détails
de la liturgie terrestre.

8. — Stance de liturgie pure, qui, du moins à en juger par
le préambule, paraît avoir été composée pour une âprî, et qui,
en fait, figure dans l'âprî R. V. III. 4 (st. 7) : soit qu'elle ait ap-
partenu légitimement à ce dernier hymne, ou au nôtre, ou à tout
autre, elle n'appelle aucun commentaire; c'est du délayage.

9. — *a b*) Puisque *raçmí* est masculin, l'idée exprimée en *b*
ne saurait être, comme l'admet M. Ludwig, la continuation de la
métaphore en *a* sur les « femelles ». Ce sont deux tableaux parfaitement distincts qui se succèdent sans se confondre : *a*) le soleil féconde ses femelles; *b*) le soleil monte ses cavales et les
conduit (cf. 2 *a b*). Ainsi, tout le morceau forme, d'un bout à
l'autre, un ensemble rigoureusement cohérent. — *c d*) Sur la
construction *devân ródasí*, comparer la construction parallèle *mātárā vániḥ* en 1 *a b*.

10. — La stance finale (car 11 n'est qu'une clausule commune
à toute une classe de poésies) sert, on l'a vu, de commentaire à
l'hymne tout entier, en nommant expressément « les Aurores »,
qui jusqu'à présent n'avaient été qu'indiquées par de vagues allusions à des femelles, vaches ou cavales. Ceci nous démontre
une fois de plus, ainsi que je ne me lasserai pas de le redire,
que les poètes védiques ne sont point du tout étrangers à l'art
d'une composition claire et bien ordonnée suivant le goût occi-
dental, et qu'en prenant beaucoup de soins pour être obscurs,
encore s'ingénient-ils à nous donner les moyens de résoudre les
énigmes qu'ils nous posent : c'est à nous de savoir les lire sans

---

[1] Cf. III. 5. 6 *c*, et Bergaigne, *Quarante Hymnes*, p. 9 = *Mém. Soc. Ling.*,
VIII, p. 9. Aujourd'hui je traduirais en séparant les deux propositions : « La
peau du dormeur est [la même chose que] le séjour de l'oiseau, et c'est cela
même que garde Agni...... »

rien laisser échapper de leur pensée. — *a)* L'ἅπαξ *draviṇas* au sens de « riche » doit s'expliquer, ce me semble, par un écourtement hypocoristique de *dravino-dắ*, tout comme on a en grec Πλουτᾶς ou Πλοῦτος de Πλούταρχος ou Πλουτογένης[1]. Le mot *pṛkṣá* « prompt » prend dans le composé le sens spécial et technique de « matinal ». — *d)* Sur *mahé*, cf. 6 *b*, et sur la construction, cf. 1 *d* : « rends hommage au ciel le péché » revient à dire « expie notre péché pour nous en rendant hommage au Ciel ».

11. Cf. Bergaigne, *Quarante Hymnes*, p. 10 = *Mém. Soc. Ling.*, VIII, p. 10. — Refrain banal et sans intérêt.

*
* *

Je donne maintenant, à titre de conclusion et de résumé, une traduction complète et suivie, aussi littérale que possible, de tout le morceau. Il est bien entendu que cette traduction sera moins intelligible encore que le texte, si le lecteur ne veut bien prendre la peine de se reporter pour chaque stance au commentaire afférent.

1. Les [rênes] de la demeure à l'échine blanche, en s'élevant,
ont pénétré les père et mère et les sept tons musicaux :
les père et mère qui environnent [tout] marchent de concert
et s'avancent pour offrir le sacrifice qui procure la longue vie.

2. Les vaches célestes sont les cavales du mâle :
il monte sur elles, qui sont déesses et portent le [lait] liquoreux.
[Mais,] tandis que tu reposes au siège de l'ordre divin,
c'est une vache unique qui t'entoure de ses pas [et fraye] ta route.

3. Il est monté sur elles qui se font dociles,
Lui, leur savant maître et époux qui sait trouver les richesses;
lui, le maître à l'échine noire de la demeure voyageuse,
il les a revêtues successivement de ses aspects multiples.

4. Fortifiant le fils toujours jeune de Tvaṣṭar, par qui ciel et terre
sont étayés, les charrieuses le charrient :
lui, dont le corps resplendit sur son siège,
il pénètre les deux moitiés du monde à la fois comme si
elles n'étaient qu'une seule femelle.

---

[1] J'ignore si l'observation qui suit a déjà été faite, mais à tout hasard je l'insère ici : il me semble que *dráviṇa*, etc. « richesse » dérive de *dru*, non comme signifiant « mobile, meuble », mais d'une façon beaucoup plus matérielle par la filière « objet fondu, métal fondu, métal précieux, or, richesse en général ». Que l'on compare, malgré la différence d'accentuation, le mot *draví* « fondeur » et la glose de Sāy. sur R. V. VI. 3. 4 : *dravir na | dravir drāvayitā svarṇakāraḥ | sa yathā svarṇādikaṃ drāvayati tathā...* Ainsi *draviṇa* et *suvarṇa* seraient identiques.

5. Ils savent ce qu'aime le mâle rouge,
et ils se complaisent aux ordres de l'étincelant,
eux les brillants au bel éclat qui resplendissent du haut du ciel,
à qui appartient l'offrande et la louange majestueuse chantée
par la troupe (des hommes ou des Maruts).

6. Et, en faveur des père et mère, ils ont conduit comme il faut
le bruit du ciel, cantique [adressé] au ciel et à la terre,
à l'endroit où, entourant la mamelle de la nuit, le taureau-
chanteur a grandi conformément à la loi qui lui est propre,

7. Avec les cinq adhvaryus, les sept prêtres
gardent le doux nid caché de l'oiseau;
tournés vers l'orient s'enivrent les taureaux toujours jeunes;
car, étant dieux, ils ont suivi les lois des dieux.

8. J'invoque tout d'abord les deux hôtars divins;
les sept impétueux s'enivrent de l'oblation sainte :
en louant la sainteté, c'est la sainteté même qu'ils profèrent,
ceux qui gardent la loi et dont la méditation pieuse suit la loi.

9. Mainte femelle est en rut pour le grand étalon;
le mâle étincelant tient les rênes bien en main.
Ô hôtar divin, toi dont l'enivrement est sagesse[1],
amène ici les grands dieux et les deux déesses Ciel-et-Terre.

10. Ô généreux donateur, les [déesses] à la belle voix qui se
vouent au sacrifice matinal,
les Aurores au bel étendard ont brillé en apportant la richesse;
et toi, ô Agni, de par la grandeur de la Terre,
sers le Ciel[2] pour qu'il nous pardonne le péché même
dont nous sommes coupables.

11. L'oblation, ô Agni, et la conquête miraculeuse de la vache,
fais-les réussir chaque jour et à tout jamais pour le sacrifiant :
puissions-nous avoir un fils qui se perpétue et prolonge notre race!
ᴗ Agni, bénis-nous et accorde-nous cette faveur !

15. *viṣám ebhyo asravo.*

On est parfois prodigue d'ellipses dans l'interprétation du Véda.
C'est une ressource précieuse dont il ne faut point abuser. En
fait, il ne paraît pas que le poète védique jouisse en cette ma-

---

[1] Sur cette antithèse, assez aimée des poètes védiques, voir surtout Bergaigne, *Quarante Hymnes*, p. 89 = *Mém. Soc. Ling.*, VIII, p. 403 (sur R. V. IV.
50, 2).

[2] Comme confirmation définitive du sens de *mahé*, considérer le rapport antithétique avec *pṛthivyâḥ* qui autrement n'avait que faire ici.

tière d'une licence beaucoup plus grande que ses confrères clas-
siques, et une étude d'ensemble que je projette montrera, s'il en
est besoin, que la prétendue ellipse n'est, la plupart du temps,
que le rappel d'un mot antérieurement exprimé. Beaucoup plus
rare est le cas où il faut vraiment suppléer un mot non exprimé[1],
mais suggéré d'ailleurs par les mots voisins et le mouvement de
la phrase.

De ce dernier genre serait l'ellipse supposée en VI. 61. 3 *d*
(hymne adressé à Sarasvatî déesse et rivière), pour éclaircir le
sens du pronom *ebhyas*. Il faudrait suppléer *manuṣyèbhyas*, suggéré par *kṣitíbhyas* qui précède, ou *síndhubhyas*, suggéré par *avánīs* et par la nature aquatique de Sarasvatî[2]; mais c'est déjà une
assez large indécision que d'hésiter entre des « hommes » et des
« rivières »; et, comme elle se complique à son tour de ce que
ebhyas peut être à volonté datif ou ablatif, de ce que *viṣám* est
glosé simplement *udakam* par Sāy., de ce qu'on peut assigner à
asravas intransitif « tu as coulé » un sens voisin du transitif « tu
as fait couler », etc., ces trois pauvres petits mots, torturés en
cent façons, s'accommoderont complaisamment à toutes les com-
binaisons d'idées imaginables sans jamais se fixer à une seule.

Le πρῶτον ψεῦδος, ici, c'est l'ellipse elle-même : il ne saurait
y avoir ellipse dans cette phrase, et cela saute aux yeux, puisque
ebhyo est sans accent, donc anaphorique et non démonstratif,
impliquant un rappel d'objets déjà nommés, et non, à un degré
quelconque, même aussi faible qu'on voudra, l'introduction d'objets nouveaux ou simplement suggérés. Qu'on propose la lecture
ebhyó, à la bonne heure; mais, jusque-là, il faudrait s'astreindre
à traduire le texte sans y rien ajouter. Lors donc que M. Ludwig
reproche si fort à Grassmann de traduire *ebhyas* par « jenen », il
commet une faute presque aussi grave, à peine masquée dans sa
traduction par l'emploi du mot « ihnen »; car, si « ihnen » en al-
lemand peut représenter le « Flüsse » de la phrase précédente, il
est bien certain qu'en sanscrit *ebhyo* ne peut représenter *avánīs*,
et que, pour lui faire signifier « Flüsse », on est obligé de suppléer
un mot masculin *síndhubhyas*, c'est-à-dire, bon gré mal gré, de
transformer en démonstratif un pronom anaphorique[3].

Le seul procédé légitime, c'est de remonter à l'anaphore, et
on ne la cherchera pas bien loin, puisque au début de la stance
on rencontrera le masculin pluriel *devanídas*, développé ensuite

---

[1] Voir plus haut, n° 14, sur la stance 1 *a*.

[2] Cf. Ludwig, *R. V.* I, p. 185, et IV, p. 176.

[3] Le dilemme est à trois branches, mais inéluctable : il faut corriger *ebhyó*
(démonstr.), ou *ābhyo* (anaph.), ou renoncer à l'ellipse; or les deux premières
alternatives sont unanimement rejetées.

par « la postérité de l'infàme sorcier Bṛsaya». C'est évidemment
à ce mot que nous reporte *ebhyas*, en sautant par-dessus le pâda
intermédiaire *utá kṣitíbhyo avánīr avindo*. Qu'on n'objecte pas qu'il
nous force à remonter bien haut pour un petit pronom anaphorique des objets les plus rapprochés; car justement *il ne peut pas*
porter plus près, puisqu'il n'y a pas dans la phrase un masculin
pluriel plus rapproché de lui que *devanídas*. Au reste, l'expression
n'offre aucune amphibologie en français non plus qu'en sanscrit,
pourvu qu'on prenne soin de ne pas changer les genres : « Ô Sarasvatî, accable les impies... Pour [nos] tribus tu as conquis
les flots; pour eux tu as coulé poison[1] ».

Ceci n'est qu'une première esquisse de traduction, destinée à
montrer que *ebhyo*, de quelque manière qu'on l'analyse, ne peut
représenter que « les impies»; mais il demeure la question de
savoir s'il est datif ou ablatif. Datif, semble-t-il, ainsi que je l'ai
traduit, si l'on s'en rapporte à la corrélation antithétique avec
kṣitíbhyo, qui est sûrement datif. Mais admettons avec M. Ludwig
que *ebhyo* soit ablatif : la corrélation en sera-t-elle abolie? Nul-
lement : dans notre interprétation, le premier mot signifiera
« *pour* nos tribus», le second « *loin* des impies», et l'antithèse
postulée se compliquera d'une antithèse accessoire corsée d'un
raffinement grammatical. Triple raison de pencher de ce côté.
Essayons : nous obtenons « tu as coulé en échappant aux impies»,
sens conforme à toute la légende des rivières.

Que faire maintenant de *viṣám*, complément de *asravas* ou apposition de Sarasvatî? « Tu as fait couler du poison» ou « tu as
coulé poison en échappant aux impies» est une pure ineptie.
Oui, sans doute, *viṣám* est gênant dans ce sens, mais il l'est dans
tous les sens : il est paradoxal et presque irrévérencieux de supposer que Sarasvatî ait jamais pu « couler poison» pour quel-
qu'un, même pour « les impies»; et, d'autre part, si l'on admet
ici le sens bien suspect pour *viṣá* de « liquide» en général ou
« eau», on n'aboutit qu'à la banalité « tu as coulé fluide en échappant aux démons». On conviendra que c'est pour tant d'efforts
un mince résultat. Combien ne serions-nous pas plus à l'aise, si
d'aventure le texte pada portait *vi-sám*, que nous traduirions sans
hésitation par *ví ca sáṃ ca* (cf. VI. 72. 11 *c*), à une nuance près?
Et que pourrait-on souhaiter de plus anodin qu'une conjecture
qui fournit un sens irréprochable sans coûter une lettre ni un
accent au texte de le saṃhitâ? C'est bien cela : la Rivière céleste

---

[1] Il est plus qu'étrange, sous prétexte que la première demi-stance est à l'im-
pératif et la deuxième au passé, d'approuver l'inintelligente glose de Sāy. : *ni
barhaya nyabarhayás* (Ldw.). Nous avons affaire ici, comme souvent dans le
Véda, à une stance qui fait verset et répons.

a dû commencer par se diviser (*ví*) pour échapper aux démons qui la retenaient; elle leur a glissé dans les mains sous forme de pluie; après quoi, descendue sur terre, elle s'est reconstituée (*sám*) pour rouler parmi nous ses flots majestueux (*avánīr*, *asravas*). Ainsi toutes les parties de la stance se joignent en un concept unique, cohérent et rigoureusement conforme aux idées védiques. Je ne dis pas, d'ailleurs, que l'auteur de la stance, tout en jonglant avec les préfixes verbaux, ait été insensible à la séduction d'un calembour sur *vi-sám* et *viṣám*.[1]

16. *pramṛ́ṣe* et *apramṛṣyá*.

Il arrive assez souvent à Sāy. de rapprocher au cours de son commentaire les passages parallèles. Cependant, à propos de II. 35. 6 c du R. V., il a omis de mentionner III. 9. 2 c, et réciproquement, bien que ces deux fragments, si je ne m'abuse, se complètent et s'éclairent manifestement l'un l'autre. Les deux hymnes s'adressent à Apām Napāt, et le premier le décore de l'épithète *apramṛṣyá*, qui est l'équivalent exact du *ná pramṛ́ṣe* du second, et sur laquelle on peut voir l'interprétation fort topique de Bergaigne[2]. En même temps, la comparaison des deux idées exprimées, au fond identiques, fait voir que la phrase *ná te pramṛ́ṣe nivártanam* se résout, par une facile métonymie, à quelque chose comme *ná tvám pramṛ́ṣe yády ápi nivṛttó 'si*, et que le sens de «mittel zum rückkehr» (P. W.) et celui de «niedersteigen» (Ldw.) sont également impropres ici pour *nivártanam*, fort à propos glosé par *vināças* au commentaire officiel. La demi-stance III. 9. 2 c d signifiera donc : «O Agni, alors même que tu as disparu, on ne saurait t'oublier», — en anglais, peut-être plus exactement encore, «*we can not miss thee*»; — «puisque, étant absent, tu es encore ici». En un mot, c'est la formule de la présence réelle d'Agni invisible et caché. Et, de même, à la demistance II. 35. 6 c d, on traduira : «[Encore que tu sois caché] là-haut dans les forteresses crues[3], on ne saurait t'y oublier», c'est-à-dire «oublier ta présence aussi réelle que cachée; [car tu

---

[1] Dans le même morceau (st. 1 c), remplacer *avasám*, qui ne fournit ici aucun sens, par *avaçám* : «Elle qui a dévoré le Paṇi incapable de lui résister» : simple échange de sifflantes.

[2] Bergaigne-Henry, *Manuel Védique*, p. 98, et Bergaigne, *Quarante Hymnes*, p. 67 = *Mém. Soc. Ling.*, VIII, p. 357.

[3] Pourquoi dissimulerais-je que je serais aujourd'hui très disposé, en conformité de ce que j'ai dit au n° 1 de ces *Vedica* (= *Mém. Soc. Ling.*, IX, p. 97 et suiv.), à corriger *āmāsu* en *andhāsu* et à comprendre «dans les citadelles aveugles» ou «obscures»? La lecture nouvelle a pu parfaitement être introduite par un remanieur qui s'est complu à hasarder sur ce mot le branlant échafaudage de métaphores si ingénieusement démonté par Bergaigne.

es toujours là quoique absent, et la preuve, c'est que] les démons et les mensonges ne te manquent pas », c'est-à-dire « savent
bien t'y atteindre ». Le sens implicite et suggéré à titre de conclusion est fort probablement : « Tâchons donc d'être aussi habiles
qu'eux ! »

Les autres cas d'emploi de l'épithète *apramṛṣyá* ne sont pas
décisifs pour le sens, mais ne contredisent en aucune façon celui
qui résulte du rapprochement de ces deux passages : IV. 2. 5 *b*,
« le sacrifice qu'on ne doit au grand jamais négliger », et VI. 32.
5 *d* « l'objet inoubliable », sont des alliances de mots parfaitement
justifiées ; bien plus, l'*apramṛṣyáṃ rékṇas* ou *dātrám* de VI. 20.
7 *c d*, se trouvant, d'après la demi-stance précédente, enfermé
dans les forteresses de Pipru, n'est autre chose lui-même que le
trésor caché et retenu par les démons, c'est-à-dire encore une in-
carnation de cet Apāṃ Napāt à qui nous avons vu appliquer par
deux fois cette locution, évidemment devenue traditionnelle et de
style dans les morceaux consacrés à sa louange.

17. *nā́satya* sg.

La fin du vers R. V. IV. 3. 6 *c* est fausse, et il manque à l'ensemble une syllabe à restituer devant *kṣé*. La jolie correction de
Bollensen *ukṣṇé* ne s'appuie sur rien et suppose une corruption
à peu près inexplicable. Ce reproche n'atteint pas la conjecture,
d'ailleurs fort réservée de M. Ludwig, *yákṣe*, qui se fonde sur
une haplographie possible ; mais cette lecture, comme on pourra
s'en convaincre sur la traduction[1], ne donne aucun sens précis,
non plus que *cákṣe* où aucune haplographie ne serait plus en
cause ; et enfin l'une et l'autre ont l'inconvénient de ne pas res-
pecter l'accentuation traditionnelle et de modifier le texte sans
égard aux ressources du texte même.

Que l'on considère la stance tout entière : elle se compose de
quatre interrogations mystiques, adressées à Agni, dont trois
sont introduites par l'interrogatif *kád*. Il ne manque qu'au troi-
sième vers, et l'on se trouve naturellement amené ainsi à le réta-
blir devant *kṣé*, où il se trouvait également exposé à une sorte
d'haplographie. Il n'y a pas à arguer de la cacophonie que pro-
duit à notre oreille la combinaison *kát kṣé*, puisque nous igno-
rons comment elle affectait l'oreille des ṛṣis ou dans quelle me-
sure leur prononciation pouvait l'atténuer. Le point irréfragable,
c'est que la syllabe qui manque au mètre ne saurait, d'après les
indications des entours, être autre que *kád*, et qu'en la restituant
on réduit à l'extrême minimum la correction reconnue nécessaire.

---

[1] Ludwig, *R. V.* I, p. 354, et IV, p. 311.

Une fois donc le vers ainsi rétabli, *párymane násatiáya* (ou *náasatyáya*) *kát kṣé*, il reste à savoir ce qu'il signifie, et le problème ne manque pas d'intérêt, puisqu'il porte essentiellement sur le sens de l'ἅπαξ *násatya*. Il est certain que l'explication que j'ai donnée du duel *násatyā*[1], si vraisemblable qu'on la doive juger, se heurtera toujours à un sérieux obstacle, tant qu'on n'aura pas tiré au clair l'unique emploi védique de ce mot à un autre nombre que le duel[2]. Ajouterai-je toutefois, qu'à mes yeux et à première vue la circonstance, qui ne laisse pas d'être embarrassante, est en même temps rassurante? Si, en effet, « le Nâsatya » était par lui-même un personnage déterminé et connu de la mythologie védique, ne serait-il pas bizarre que son nom ne se rencontrât au singulier qu'une seule fois dans toute l'étendue des Védas, et cela tout justement dans un passage où l'on n'en a que faire? Car on aura beau retourner en tous sens « le séjour Nâsatya » du texte, ou « le taureau Nâsatya » de Bollensen, ou « le Nâsatya » tout ce qu'on voudra de M. Ludwig, on n'en extraira jamais rien qui corresponde à un concept védique familier ou simplement possible. Bref, selon toutes les probabilités, cet ἅπαξ au singulier ne peut pas être un nom propre, mais il peut être un adjectif dérivé de nom propre : là est la solution.

Grammaticalement, rien ne s'oppose à ce que *násatya* soit un adjectif signifiant « des Nâsatyas » : dans ce cas, il ne pourrait se distinguer du substantif primitif par la vṛddhi initiale, que celui-ci possède déjà en apparence; il pourrait, à la vérité, s'en distinguer par l'accent et s'orthographier **násatyáya*; mais, outre que ce changement n'a rien d'obligatoire, on en serait quitte pour supposer ici une étourderie fort vénielle des diascévastes ou des scribes, causée par l'immense prédominance de la forme à accent initial. Le tout est de savoir si, dans cette hypothèse, notre vers fournit un sens acceptable, et il faut bien convenir qu'à cet égard il laisse peu de chose à désirer : « la demeure circulante des Nâsatyas », c'est une autre expression, un peu plus raffinée, pour « le char des Açvins »; et, comme la nature solaire de ce char divin ne fait doute pour personne, on voit que la métaphore est en d'autres termes toute pareille à celle de « la demeure voyageuse » R. V. III. 7. 3[3].

Voyons maintenant comment le sens postulé s'adapte à l'ensemble de la composition. Le vers fait partie non seulement d'une stance, mais même d'une longue séquence (4 *c* à 8 *d*) d'interro-

---

[1] *Vedica*, n° 2 = *Mém. Soc. Ling.*, IX, p. 105.

[2] Quoi qu'on doive penser de *indranāsatyā* (ἅπαξ R. V. VIII. 26. 8), la traduction « Indra et *le Nâsatya* » est de beaucoup la moins vraisemblable (cf. Grassmann s. v., et Ludwig, n° 64).

[3] *Supra* n° 14, préambule, et cf. Bergaigne, *Rel. Véd.*, II, p. 432 et suiv.

gations adressées à Agni : dans chacune, remarquons-le, c'est-
à-dire quatre fois par stance, est invariablement répété l'adverbe
ou le pronom interrogatif, sauf à l'extrême fin où Aditi est rangée
sous le même chef de proposition que Svar; encore lui est-elle
ici assimilée, mise au masculin-neutre comme lui, et peut-être
lui servant d'épithète; nouvelle et très grave présomption en faveur du rétablissement de *kád* dans le passage litigieux. Que si
maintenant nous relisons la séquence d'un bout à l'autre, nous
constatons qu'on demande successivement à Agni ce qu'il dira à
chacun des dieux, en sa qualité de messager des hommes, soit
nommément à Varuna, à Dyaus, à Mitra, à Pṛthivî, à Aryaman,
à Bhaga, à Vâyu, à Rudra, à Pûṣan, à Viṣṇu, aux Maruts, au
Svar, etc.; seuls, parmi les grands dieux, manqueraient à l'énumération Indra — mais il est compris parmi les Maruts — et
Sûrya, l'œil du Svar, qui n'est pas la même chose que le Svar
lui-même (cf. VI. 72. 1 *c*). Eh bien, le voilà donc retrouvé! « La
demeure circulante des Açvins », — avec le mot « demeure » ex-
ceptionnellement et par syllepse accordé au masculin, afin de ne
laisser planer aucun doute sur le sexe mâle de l'entité divine
voilée sous cette périphrase, — c'est sans contredit « le Soleil »
ou Sûrya, dont l'absence serait ici par trop choquante. On s'en
convaincra davantage par la traduction du fragment complet.

4. . . . . . Quand donc les hymnes du festin, | quand tes offices
d'amitié éclateront-ils en la demeure que tu visites? — 5. Com-
ment donc, ô Agni, ce [péché], à Varuna, | comment à Dyaus
le dénonces-tu? et quel est-il, [ce] péché que nous avons commis?
|| Comment à Mitra le bienfaisant, à la Terre | parleras-tu? que
[diras-tu] à Aryaman? que [diras-tu] à Bhaga? — 6. Que [di-
ras-tu] aux Dhiṣnyās[1], Agni, en t'y fortifiant? | que [diras-tu]
au Vent impétueux qui court à la splendeur? || que [diras-tu]
au séjour voyageur des Nâsatyas? | que diras-tu, ô Agni, à Ru-
dra, le meurtrier des hommes? — 7. Comment [parleras-tu]
au grand Pûṣan qui apporte la prospérité? que [diras-tu] à
Rudra le bon sacrificateur qui présente l'oblation[2]? || quelle souil-
lure[3] [dénonceras-tu] à Viṣṇu dont le pas est vaste? | quelle dé-
nonceras-tu à la flèche sublime[4], ô Agni? — 8. Comment à
la troupe rituelle des Maruts, | comment, lorsqu'il t'interrogera,
au Svar sublime || répondras-tu, à l'impétueux Aditi?. . .

---

[1] Le seul mot de l'énumération qui ne soit pas au datif : c'est à bon droit,
car le locatif est régi par *vṛdhasānás,* en sorte qu'à proprement parler il faut
suppléer *dhiṣnyābhyas* suggéré par *dhiṣnyāsu.*

[2] Pourquoi Rudra nommé deux fois? comme destructeur et comme sacrifi-
cateur?

[3] Avec la correction de Grassmann (*répas*).

[4] De Rudra.

18. *enâm.*

Je ne donne cet article qu'à titre de curiosité isolée, soit parce qu'il permet d'éliminer sans difficulté du texte du R. V. une forme grammaticalement impossible et inintelligible à cette place, soit surtout parce qu'il présente un exemple, jusqu'à présent unique à ma connaissance, d'erreur graphique résultant d'une interversion de lettre à deux syllabes de distance. Pour rare que soit le fait en lui-même, il m'apparaît ici avec une entière certitude.

R. V. VIII. 6. 19, on lit : *imâs ta indra pṛçnayo ghṛtáṃ duhata âçíram | enâm ṛtásya pipyúsîḥ*, le tout fort clair, sauf le mot que je laisse en blanc, savoir : « Les [vaches] tachetées que voici, ô Indra, pour toi se laissent traire [et donnent] le lait cuit | ... de l'ordre divin, gonflées. »

Le mot *enâm* ne pourrait être, et encore à la très grande rigueur, que l'accusatif féminin singulier du démonstratif *ena* (Gr. Lex.); mais ce serait, dans tout le R. V., absolument l'unique forme de ce pronom enclitique et atone qui figurât en tête d'un vers et ornée d'un accent. Admît-on ce paradoxe, on ne verrait que faire d'un accusatif féminin singulier dans une proposition où le sujet est au féminin pluriel et le complément au singulier neutre. On pourrait, il est vrai, accorder *enâm* avec *âçíram* féminin qui vient en apposition à *ghṛtám* neutre; mais personne n'y a songé, et en fait cette construction ne donnerait pas de sens.

En avant les expédients. Pour M. Ludwig[1], qui traduit « hier », *enâm* est instrumental : il l'assimile sans doute à *enâ*, échappatoire commode qui aura l'approbation de tous les exégètes aux yeux desquels une désinence védique quelconque peut impliquer un cas quelconque, — mais de ceux-là seulement.

A défaut de comprendre, on peut essayer de corriger. C'est ce que fait Grassmann dans sa traduction (I, p. 585) où il propose *enâ = enâs*, nominatif féminin pluriel accordé avec le sujet. Triple difficulté : que vient faire ici ce démonstratif qui fait double emploi avec *imâs* du début? Comment se trouve-t-il accentué? car la même objection subsiste toujours; et enfin, comment cette forme si claire se serait-elle surchargée d'un *m* final qui en faisait un monstre?

Il y a d'autres corrections possibles. J'eus l'occasion, voilà tantôt douze ans, de consulter Bergaigne sur ce passage difficile : il me suggéra *venâ* ou *dhénā* en me renvoyant respectivement à VIII. 100. 5 et I. 141. 1. Outre que la seconde conjecture suppose un changement d'accentuation, l'une et l'autre impliquent

---

[1] *R. V.* II, p. 180, et V, p. 141.

l'addition d'un *m* final et la chute d'une consonne initiale, également inexplicables. Rien de tout cela, enfin, ne s'impose.

La solution est bien simple : il faut que les deux corruptions s'expliquent réciproquement, en d'autres termes, que l'*m* ait été transporté par accident de l'initiale à la finale. Lisons donc *ménā* = *ménās* « femelles », et tout s'éclaircit.

D'autant mieux que, jusqu'à ce changement, le génitif *r̥tásya* demeurait en l'air, on ne voyait pas au juste de quoi il dépendait : à la vérité, l'on pouvait toujours le subordonner à *pr̥çnayas*, ou à *ghr̥tám*, ou même à *pipyúṣīs* « gonflées de sainteté » (?); mais c'était phraséologie pure et vide. Or voici que tout justement le mot *ménā*, chaque fois qu'il est employé autrement qu'au duel et dans une comparaison, régit un génitif masculin qui le détermine. Il est au moins tentant d'imaginer dans l'espèce un cas analogue et de construire *ménā(s) r̥tásya*, soit donc « femelles de l'ordre divin »; appellation fort convenable pour « les vaches célestes gonflées de lait ».

La seule raison de douter, c'est qu'il faut, comme pour plus haut *dhénā*, changer l'accent et admettre qu'il a passé de l'initiale à la finale en même temps que l'*m*. En même temps, non; mais après, sans trop d'invraisemblance. Du jour où l'on lut par transposition **énām*, on eut l'illusion d'un démonstratif, auquel on fut tout porté à assigner l'accentuation de *enắ* et des formes de démonstratif commençant par *e-*. Si l'observation des accents remonte à un temps où le Véda n'était point écrit, encore la notation en a-t-elle pu çà et là s'altérer depuis cette époque.

Quant à déterminer le genre de transcription graphique que supposerait l'interversion de *menā* en *enām*, c'est une question que je laisse volontiers à résoudre à de plus habiles. Il suffit qu'à première vue le *blunder* n'ait rien que de fort concevable; car nous ne savons pas et, sans doute, ne saurons jamais en quels caractères a été tout d'abord écrit le Véda.

Paris, 13 janvier 1897.

19. Addenda.

Au n° 10. — M. Oldenberg (*op. cit.*, p. 245 et 247) traduit « comme au sacrifice » et suggère la suppression de la syllabe *va* « se tiennent au sacrifice », correction arbitraire qu'au surplus M. Meillet estime contraire à la métrique du IIIe livre du R. V., selon une communication qu'il a faite à la *Société Asiatique*. M. Meillet lui-même préférerait la lecture **dhvareva*, **dhvarā* étant le duel, non de **dhvắr*, mais d'un **dhvara* qui correspondrait au zend *dvara* « château ». Cette correction aurait l'avantage de maintenir la brève du texte, peut-être de ne pas changer l'accent, et d'expliquer plus aisément la conservation, dans cet ἅπαξ, de l'aspiration tombée dans *dvắr*. Et j'y adhère volontiers pour ma part, à condition de traduire le mot par « comme deux vantaux [appuyés l'un sur l'autre] », et non « comme deux châteaux ».

Au n° 11. — M. Oldenberg (p. 271-272) fait dépendre toutes les propositions de l'unique verbe *vákṣi*. Grammaticalement cela est irréprochable ; mais qu'Agni voiture à la fois les abris, les butins, le ciel et la terre, c'est peut-être beaucoup exiger, alors surtout que ces deux derniers sont dits « solidement fondés ».

Au n° 12. — M. Oldenberg (p. 369) se refuse à traduire *péṣī* R. V. v. 2. 2, et je ne puis que le louer de sa réserve, sans toutefois regretter ma témérité. — R. V. v. 25. 7, il comprend « like a buffalo-cow » (p. 416). L'hésitation est permise. L'important, c'est que lui non plus n'admet pas que *máhiṣī* puisse être adjectif.

Au n° 14. — La traduction de M. Oldenberg (p. 248 et suiv.) diffère beaucoup de la mienne, ce qui ne saurait surprendre, puisque la mienne diffère aussi de toutes les précédentes. Ce n'est point ici le lieu de discuter la sienne en détail, et je me contente de soumettre mes suggestions au jugement de mes confrères, au sien tout le premier[1].

Au n° 16. — Le rapport que je signale ne paraît pas avoir frappé M. Oldenberg, qui traduit III. 9. 2 « that return of thine, Agni, (to this world) should not be slighted », et ne rapproche pas II. 35. 6 (p. 256).

Au n° 17. — « *Kṣé*... is evidently corrupt. But neither Bollensen's conjecture (*ukṣṇé*), nor those of Ludwig (*cakṣe, yakṣe*) carry conviction » (Oldenberg, p. 328). La mienne maintient *kṣé* et n'introduit qu'un monosyllabe suggéré par toutes les formules parallèles environnantes : c'est vraiment un minimum de correction.

Paris, 6 mars 1897.

---

[1] Tout bien considéré, à la st. 6, *jaritúr* peut rester et fournit le même sens que le nominatif : « le taureau a grandi conformément à sa nature de chanteur ». Remarquer le rapprochement allitératif, avec vague jeu de mots, de *dhắnam* et *dhắma*.

P. S. — L'article de M. Meillet cité à la page précédente a paru dans l'intervalle : la référence est *Journ. Asiat.*, 9ᵉ série, X, p. 266.

8 janvier 1898.